AF455443

NOTICE BIOGRAPHIQUE

SUR

M. L'ABBÉ ROBERT

CHANOINE HONORAIRE DE BAYEUX

CHAPELAIN DE L'HOTEL-DIEU DE VIRE

(1802-1888)

Sit autem sermo vester : est, est : non, non.
Dites « oui », quand c'est « oui » ; et « non », quand c'est « non. »
(Ep. de S. JACQUES, V, 12.)

BAR-LE-DUC
IMPRIMERIE DE L'ŒUVRE DE SAINT-PAUL
36, rue de la Banque, 36
1888

DÉDIÉ

A LA RÉVÉRENDE MÈRE PRIEURE

MARIE-LOUISE-CLÉMENTINE ROBERT,

EN RELIGION

MÈRE SAINT-BENOIT

SA NIÈCE

ET A SES RELIGIEUSES

NOTICE BIOGRAPHIQUE

SUR

M. L'ABBÉ ROBERT

CHANOINE HONORAIRE DE BAYEUX

CHAPELAIN DE L'HOTEL-DIEU DE VIRE

(1802-1888)

Sit autem sermo vester : est, est ; non, non.

Dites « oui », quand c'est « oui » ; et « non », quand c'est « non. »

(Ep. de S. JACQUES, V, 12.)

BAR-LE-DUC

IMPRIMERIE DE L'ŒUVRE DE SAINT-PAUL

36, rue de la Banque, 36

1888

IMPRIMATUR

*Suivant le désir de plusieurs prêtres et d'un grand nombre de personnes de toute la ville, M. l'abbé Arm. Dupont-Morlière, curé de Sainte-Anne, a sollicité de Mgr Hugonin, évêque de Bayeux et Lisieux, l'*IMPRIMATUR *de la présente Notice.*

Sa Grandeur a daigné répondre : « J'accorde bien volontiers « l'*imprimatur* que me demande M. le Curé. M. Robert était un « saint prêtre et il convient de conserver le souvenir de ses vertus « sacerdotales.

« ✝ FLAVIEN. »

Nous sommes heureux de pouvoir mettre en tête de cette Notice le nom et le témoignage de Mgr Hugonin. Espérons qu'elle fera quelque bien sous d'aussi heureux auspices.

Puissent les quelques pages qu'on va lire contribuer à la gloire du clergé, édifier les fidèles et leur inspirer un grand respect pour le sacerdoce de Jésus-Christ !

Oui, après avoir lu le résumé simple d'une vie si sainte et si cachée, tout le monde dira : « M. Robert était vraiment un homme de Dieu. »

NOTICE

SUR

MONSIEUR L'ABBÉ ROBERT

CHAPELAIN DE LA COMMUNAUTÉ DES RELIGIEUSES AUGUSTINES

DE L'HOTEL-DIEU DE VIRE

I. — Depuis sa naissance jusqu'à son arrivée à l'Hôtel-Dieu.

M. l'abbé Robert naquit à Sallenelles (canton de Troarn) le 9 octobre 1802, de parents vraiment chrétiens ; il était le neuvième et dernier enfant de la famille. Le lendemain, il reçut le baptême et le nom d'Alexandre. Mais il était si faible qu'on ne croyait point qu'il vécût. Seule, sa mère, une femme pleine de foi, osa espérer contre toute espérance : elle le prend, dans sa désolation, et va le porter aux pieds de Notre-Dame de la Délivrande. A son départ, son mari, branlant la tête, eut beau dire : « Tu ne le rapporteras pas en vie ! » elle partit confiante et revint consolée. La Vierge Marie avait abaissé ses regards sur le petit Alexandre ; il devenait son protégé ; plus tard, il saura à qui il devait sa guérison, et sera, autant par reconnaissance que par devoir, un pieux serviteur de Marie.

Naissance.

Baptême.

Première maladie d'enfance, guérison à N.-D. de la Délivrande.

Lorsqu'il fut en âge d'aller à l'école, il se montra plein d'ardeur pour l'étude et docile aux leçons de ses maîtres. Il n'avait pas une facilité extraordinaire, mais beaucoup de jugement, et il finissait toujours par l'emporter, grâce à

L'École

son énergie, pour laquelle il n'avait point de rival, à cette énergie qu'il a cultivée jusqu'à la fin et qui faisait comme le fond même de son caractère. Tous ceux qui l'ont entouré n'oublieront jamais avec quel accent il savait dire : « Oui », ou : « Non. » Et, quand on avait entendu ce « Oui », ou ce « Non », il ne venait à l'esprit de personne de contredire.

Première Communion. Vocation.

Il fit sa première communion le 2 juillet 1812, en la fête de la Visitation de la Très Sainte Vierge. A partir de cet heureux jour, toutes ses aspirations se tournèrent vers le sacerdoce ; il eut du mal à triompher de la volonté paternelle ; mais il était le plus sage de ses frères et, grâce à sa soumission et à sa patience, il y parvint. Vers l'âge de douze ans, il commença à fréquenter le lycée de Caen, où il fit de très bonnes études. On n'a su ici que depuis peu qu'il était bachelier ès-lettres. Sa modestie nous a dérobé beaucoup de détails édifiants ; de là vient que nous savons peu de choses de son enfance, si ce n'est quelques farces innocentes que son caractère austère ne l'empêchait pas de raconter ; car, sous une rude écorce, il cachait une amabilité simple et un cœur excellent.

Lycée.

Grades.

A quinze ans, sa piété, sa sagesse le firent choisir pour maître des cérémonies à Saint-Etienne de Caen. Il aimait à remplir ces fonctions saintes et il le fit, paraît-il, avec une grande perfection et une grande piété, jusqu'à son entrée au Grand Séminaire.

Grand Séminaire.

Là, ses études théologiques furent aussi solides que l'avaient été ses études littéraires. Mais avec sa science croissait aussi sa vertu : ses condisciples l'affectionnaient, ses maîtres l'estimaient et, plus d'une fois, on put voir la confiance dont ils aimaient à lui faire preuve : il n'était pas rare de le voir remplacer au besoin ses professeurs. Il possédait dès lors cet esprit de modestie et de gravité dont il ne s'est jamais départi, et qui attirait naturellement sur lui l'attention et le respect.

C'était une nature très ardente et très active. Il était toujours éveillé le premier ; aussi, il remplissait les fonctions d'excitateur, servait les messes matinales et était un modèle de régularité. C'est une vertu qu'il a conservée et développée toute sa vie, puisqu'à la fin de ses jours il disait qu'il n'avait pas souvenir d'avoir fait attendre la Communauté une seule fois cinq minutes par sa faute.

Ordres mineurs.

C'est Mgr Brault, évêque de Bayeux, qui lui conféra les ordres mineurs, avant de se rendre à l'archevêché d'Albi, où il venait d'être nommé. Les études de M. Robert étaient terminées ; il n'avait que vingt et un ans.

Préceptorat.

En attendant l'âge canonique de la prêtrise, il fut précepteur de M. de Petiville, au château de Saint-Germain de Tallevende. Son âme ne se refroidit pas au contact du monde, et on lui a souvent entendu dire à lui-même que cette maison était aussi fervente que le Grand Séminaire. Aussi les deux années qu'il y passa ne furent pas perdues pour sa piété. Les âmes saintes se connaissent et se comprennent : Mlle de Petiville, sœur de son élève, devenue depuis religieuse et morte supérieure de la Charité à Bayeux, l'avait dès lors en grande vénération, et elle se fit un pieux honneur de lui broder son aube de première messe. Nous pouvons croire que ces deux vocations se soutinrent l'une l'autre par la prière et la charité chrétienne.

Prêtrise.

Après ces deux années de préceptorat, M. l'abbé Robert avait reçu les ordres sacrés ; il rentra à Bayeux pour la prêtrise. Mgr Duperrier, successeur de Mgr Brault, avait obtenu dispense d'âge (chose difficile alors !) pour trois de ses meilleurs sujets : M. Robert était l'un d'eux : il reçut de ses mains la prêtrise le 17 décembre 1825, âgé de vingt-trois ans, deux mois, huit jours. Le mardi 27 décembre il disait sa première messe solennelle à Sallenelles.

Après son ordination, il avait demandé instamment la

permission d'aller aux Missions Etrangères; mais, son tempérament étant assez faible, elle lui fut refusée.

Vicariat à Troarn.

Il fut nommé vicaire de Troarn, sous M. l'abbé Beaumont, mort depuis doyen de Pont-L'Evêque ; il ne tarda pas à gagner l'affection de son curé ; bientôt tout se fit en commun : prières, oraisons, lectures, visites au Saint-Sacrement. Ils vivaient comme deux frères, et il serait difficile de savoir lequel avait pour l'autre plus d'estime et d'attachement. Ce qui est certain, c'est que la mémoire de ce vénérable curé était restée bien douce dans le cœur du disciple ; on sentait, à l'en entendre parler, qu'il croyait lui devoir beaucoup pour sa formation au saint ministère des âmes.

Sous une aussi excellente direction, le jeune prêtre ne pouvait manquer d'être un prêtre selon le cœur de Dieu ; aussi était-il béni de toute la paroisse.

Cependant Dieu avait d'autres vues sur lui : il y avait deux ans qu'il était à Troarn, lorsque se manifesta la volonté divine.

Il est nommé chapelain de l'Hôtel-Dieu.

Depuis plus d'un an, la communauté de l'Hôtel-Dieu était en prières et en mortifications pour obtenir du ciel un chapelain digne de remplir ce poste, petit aux yeux des hommes, mais grand devant Dieu. — M. l'abbé Robert venait de recevoir sa nomination à une cure importante ; on lui propose de renoncer aux places que sa vertu et sa science pouvaient lui faire espérer, pour s'enfermer dans la vie cachée d'une communauté ; il répond : « Je suis entre les mains de mon Evêque, et j'irai avec bonheur partout où l'autorité m'enverra. »

Sur ces entrefaites, M. l'abbé Beaumont, grand vicaire, oncle du curé de Troarn et alors supérieur de l'Hôtel-Dieu, présenta à Mgr Dancel M. l'abbé Robert comme un prêtre d'une prudence au-dessus de son âge et capable par sa science et sa vertu de conduire des âmes d'élite à la perfection. Monseigneur le nomma chapelain de l'Hôtel-Dieu ; il y arriva le 2 mai 1828. Il n'avait que vingt-cinq ans et demi.

II. — Depuis son arrivée à l'Hôtel-Dieu jusqu'à ses dernières années.

Les premières paroles que M. l'abbé Robert adressa à sa communauté sont restées profondément gravées dans les cœurs : « Je ne viens pas, dit-il, comme Josué, pour vous faire combattre dans la plaine, mais comme Moïse, pour vous conduire sur la montagne de la perfection. » — Il y a travaillé toute sa vie avec un remarquable succès.

M. l'abbé Robert arrivait à l'Hôtel-Dieu dans des circonstances excessivement délicates.

Circonstances dans lesquelles il arrive à l'Hôtel-Dieu.

Depuis leur rentrée, les Sœurs hospitalières, vu la médiocrité de leurs ressources et le malheur des temps, n'avaient pu rétablir entièrement tous les points de la Règle et des Constitutions.

L'élection de Catherine-Rose Poupinel, en religion Sœur Sainte-Marie-Rose, comme Prieure, fut le signal d'une réforme si désirée par la plupart ; mais son zèle un peu trop empressé, et aussi la résistance de quelques âmes moins généreuses, lui créèrent bien des difficultés.

Depuis la démission de M. l'abbé Gauthier, la communauté était sans chapelain. Mgr Dancel, manquant de prêtres, avait envoyé M. l'abbé Lelong, chapelain du roi et chanoine de Saint-Denis, son intime ami, donner une retraite à l'Hôtel-Dieu. Sa mission achevée, il pouvait se retirer ; mais ce cœur d'apôtre comprenait qu'une communauté sans pasteur est une communauté dans la désolation, et il s'y dévoua pendant six longs mois, jusqu'à l'arrivée du nouveau chapelain : il fit lui-même l'installation de

M. l'abbé Robert le 1er juin suivant, en la fête de la Sainte Trinité.

M. l'abbé Lelong était entré dans les vues de réforme de la Révérende Mère Prieure. Et c'est au milieu d'une telle entreprise et au moment même où la nacelle n'était pas sans agitation, qu'il remit le gouvernail aux mains de ce jeune prêtre de vingt-cinq ans. Cette confiance suppose en lui une prudence rare et une vertu peu commune.

Les effets de sa direction ont prouvé que cette confiance avait été bien placée. Son caractère savait allier la douceur et la fermeté : il était instruit surtout en théologie et l'on peut dire que, grâce à ses lumières, grâce à sa patience, il a fait de cette communauté, une communauté modèle de ferveur et de dévouement.

Par quels moyens y est-il parvenu? Qu'on ne s'attende pas à trouver dans cette vie des faits pleins d'éclat : l'éclat et le bruit sont précisément ce qu'il a pris à tâche d'éviter toujours. C'était un homme intérieur, et il croyait avec raison que le meilleur moyen de former les autres à la vertu était de leur inspirer une haute idée de la perfection et de leur en prêcher l'exemple.

Son estime pour la perfection.

Il avait lui-même une grande estime pour la vie religieuse, et il avait coutume de dire : « Après le saint Baptême, il n'y a pas de plus grande grâce que Dieu puisse faire à une âme que de l'appeler à ce saint état. »

Il avait fait une étude approfondie des auteurs qui en traitent et possédait à fond la sainte Règle, tenait à ce qu'on l'observât dans tous ses détails, sans y changer un iota; et, au besoin, il répétait : « Que disent là-dessus vos Constitutions? Elles suffisent, si vous les observez bien, pour faire de vous des saintes. »

Son zèle pour la sanctification des religieuses.

Mais, en même temps, il tâchait d'inspirer à ses filles la générosité de l'amour divin, qui allège les plus lourdes croix, et souvent il leur disait avec saint Pierre (II Pierre, I, 10 et suiv.) : « Efforcez-vous donc de plus en plus, mes

Sœurs, de rendre votre élection certaine par vos bonnes œuvres ; en agissant ainsi, vous ne pécherez jamais et, par ce moyen, Dieu vous donnera une entrée favorable au royaume éternel de Notre-Seigneur et Sauveur Jésus-Christ. » Il aimait surtout saint Paul et disait souvent : « Le cœur de saint Paul est le cœur de Jésus-Christ. » Il s'en nourrissait et il en nourrissait les autres ; les conférences qu'il faisait à ses religieuses étaient presque toujours tirées des écrits du grand Apôtre.

Son zèle était bien ardent pour la sanctification des âmes confiées à sa sollicitude. Il savait se mettre à la portée de chacune et on a remarqué que celles qui avaient le plus de défauts et le plus de difficultés pour la vertu étaient précisément celles qu'il semblait affectionner davantage, et qu'il supportait avec le plus de patience et de charité.

Son soin paternel pour le pensionnat.

Il aimait beaucoup les élèves du pensionnat, et leur a toujours porté un grand intérêt. Il avait un soin paternel de leur instruction religieuse et surtout de leur préparation à la première communion. Mais il ne laissait pas de s'intéresser à leurs études, visitant lui-même leur classe, inspectant leurs cahiers, assistant à leurs leçons, et distribuant çà et là, à celle-ci un petit encouragement, à celle-là un petit reproche. A la fin de l'année, il vérifiait leurs compositions. Tant de sollicitude entretenait parmi elles une vive émulation. Le pensionnat contenait alors de trente à quarante enfants ; et il n'y en aurait pas moins aujourd'hui, sans les épreuves qu'a subies l'Hôtel-Dieu, et si le bon esprit qui y règne était plus connu des familles chrétiennes. Ajoutons qu'à une aussi bonne éducation répond une instruction solide : témoin le nombre des élèves qui y ont obtenu leur brevet.

Son esprit de régularité.

M. l'abbé Robert savait que, dans toute communauté, c'est la règle qui est le marchepied de la perfection. Il avait à cœur de donner l'exemple de la régularité et de l'exactitude ; et, quand il donnait rendez-vous pour telle heure, un quart d'heure auparavant il attendait lui-même.

Il s'était imposé un règlement de vie et il y est resté fidèle, jusque dans les plus petites choses, autant que sa santé le lui a permis.

Sa règle. L'été, il se levait à quatre heures ; l'hiver, à quatre heures et demie il était debout, et il a fallu l'ordre exprès du médecin, dans les dernières années de sa vie, pour l'empêcher de se lever avant cinq heures et demie l'été, et avant six heures l'hiver. Aussitôt qu'il était habillé, il faisait sa prière, à laquelle il disait n'avoir jamais manqué depuis l'âge de douze ans. Puis il faisait une demi-heure d'oraison, disait ses petites Heures et un rosaire ; ensuite, il descendait au confessionnal jusqu'à sept heures et demie. Il se réservait là au moins un quart d'heure de préparation à la sainte messe. C'était un spectacle bien édifiant que de le voir à genoux sur les marches de l'autel, sans nul appui jusqu'à son extrême vieillesse, plongé dans une méditation profonde et tout anéanti dans la prière ; on sentait qu'il parlait à Dieu et que Dieu lui parlait.

Quand un prêtre étranger venait lui demander à dire la sainte messe, il était visiblement heureux. Il lui présentait les vases sacrés et les vêtements sacerdotaux ; on sentait qu'il tenait à lui rendre lui-même ces devoirs de sainte hospitalité.

Avec quel esprit de foi il prononçait les paroles liturgiques ! Comme il recommandait aux religieuses de chœur le zèle pour le chant des offices et la piété dans les cérémonies ! Quel respect pour le Saint-Sacrement et tout ce qui y touche !

De tout temps sa délicatesse pour les objets du culte a été extrême ; aussi, tenait-il la main à ce que tout ce qui approchait de l'autel fût dans un ordre parfait, et il ne pardonnait pas la plus petite négligence à cet égard. Il s'était réservé le soin de mettre l'huile dans la lampe du sanctuaire et il s'en acquittait avec bonheur.

La messe finie, il faisait son action de grâces, suivie d'un modeste déjeuner. Pendant toute sa vie, il a observé les jeûnes de l'Eglise et fait plus de soixante-deux carêmes. Ces mortifications lui étaient d'autant plus pénibles que depuis sa jeunesse il avait eu beaucoup d'esquinancies, d'où il lui était toujours resté une faiblesse à la gorge. Il avait souvent désiré le martyre, il fut un martyre de patience. Il avait désiré mourir comme Notre-Seigneur à trente-trois ans ; plus tard, il disait : « Quand j'ai vu cet âge, je me suis abandonné à la Providence pour vivre autant qu'Elle voudrait. »

Après déjeuner, il entrait au confessionnal. Jamais il ne se plaignait des longues séances qu'il y faisait : dans une semaine, comme il le disait lui-même, il confessait plus à lui seul que certains curés de campagne dans toute une année.

Aux jours déterminés, le mercredi, le vendredi et le samedi, il entendait les confessions des religieuses et des pensionnaires, depuis neuf heures jusqu'à dix heures et même onze heures. On peut dire qu'il a exercé là un ministère fructueux et éclairé.

Il avait un don particulier pour toucher les âmes et les consoler. Une de ses pénitentes était depuis quelque temps accablée de peines intérieures : « Un jour, raconte-t-elle, après ma confession, quoique je n'eusse pas révélé ce que je souffrais, ce bon Père me dit : « Mon enfant, vous vous « tourmentez, vous vous tracassez, vous vous faites de la « peine bien inutilement ; vous avez grand tort ; vous de- « vriez être plus tranquille et résignée. » A ces paroles, je me trouvai saisie et impressionnée, et sans oser lui demander comment il pouvait savoir une chose dont je n'avais dit un mot, ni à lui, ni à qui que ce soit, je ne sus que répondre et dis seulement : « Oui, mon Père, c'est vrai. » Mais si mon émotion fut grande, grande aussi fut ma joie que Dieu eût pris un tel soin de ma misère, en donnant à mon confesseur une si vive lumière sur l'état de mon âme. »

Dieu seul sait le bien que M. Robert a fait aux âmes dans l'exercice si difficile et si délicat du saint tribunal.

Ses confessions terminées, il remontait dans sa chambre où il lisait un chapitre de l'Ecriture Sainte; puis, il étudiait les auteurs ascétiques, nécessaires à la conduite des âmes dans le chemin de la perfection. C'était un homme d'étude, et sa bibliothèque, presque toute composée de livres de fonds, lui est passée plus d'une fois sous les yeux. Trois jours avant sa mort, il se faisait encore lire les *Méditations* du Père Chaignon sur les devoirs des ecclésiastiques.

A onze heures et demie, il faisait son examen particulier et à midi il se mettait à table. Jamais il n'a dit son goût, ni commandé son dîner ; il trouvait bon ce que la divine Providence lui servait. Et dans ces derniers temps où son estomac était devenu plus difficile, il disait à son domestique : « Je me suis bien mortifié toute ma vie, mais je n'en ai plus le courage ! » Il ne prenait jamais de café, quand il était seul, ni de vin, ni de liqueurs. Mais lorsqu'il recevait quelqu'un de ses confrères, sa charité le faisait déroger à ses habitudes, et il le traitait avec une cordialité qui rentrait bien dans sa maxime : « Dur à soi et doux aux autres. »

Après dîner, il récitait un deuxième rosaire, et, depuis nombre d'années, il en disait jusqu'à six par jour. Il aimait à faire une petite promenade dans l'après-midi avec quelque confrère ou ami ; mais il rentrait pour l'heure où l'on peut commencer le bréviaire qu'il disait toujours au premier moment libre.

Puis, fortifié par la prière de l'Eglise, il se rendait au confessionnal, faisait longuement sa visite au Saint-Sacrement et son oraison du soir : là, il donnait libre cours à sa dévotion au Sacré-Cœur et à la sainte Vierge. Il n'avait pas passé moins d'une heure au pied des autels, quand sept heures sonnaient, l'heure de son souper ; c'était l'affaire de quelques minutes. Il se promenait ensuite un instant dans la cour ; et, avant de remonter prendre son repos, il faisait encore une petite visite à l'église, et il semblait se faire violence pour s'arracher au saint lieu.

De retour à sa chambre, il lisait tous les soirs son point de méditation pour le lendemain, se le faisait lire dans les derniers temps. Avant de s'endormir, il reprenait Complies à *Te lucis*, puis disait le *Salve Regina*, ou une autre antienne à la sainte Vierge suivant le temps ; y ajoutait l'*Inviolata*, le *Memorare* et le *De profundis;* ensuite, il disait à diverses intentions : « Mon Jésus, miséricorde ! » et répétait cette invocation jusqu'à ce que le sommeil vînt paralyser ses lèvres.

C'était là une journée bien remplie, et il eût pu goûter un repos bien mérité; mais toute sa vie le lit a été pour lui un supplice ; il dormait ordinairement trois heures par nuit, quelquefois quatre heures, et cela depuis son grand séminaire jusqu'à sa mort.

Il y a des gens dans le monde qui se figurent que la vie d'un chapelain est une vie oisive, et qu'il n'y a rien à faire dans le cloître : ils peuvent déjà se détromper ! Mais que diront-ils donc quand ils sauront que M. l'abbé Robert avait à dire à l'Hôtel-Dieu, outre les cinquante-deux dimanches et les quatre fêtes d'obligation, un nombre considérable de messes chantées ; ce qui porte à près de cent par an les grand'messes qu'il avait à chanter, les jeûnes de surérogation qu'il avait à faire. De plus, il avait à donner, outre les saluts de règle, un certain nombre de bénédictions pour les confréries établies dans la maison. Comme prédication, tous les dimanches où il n'y avait pas de salut solennel, il faisait aux religieuses une conférence d'au moins une heure, et tous les jeudis le catéchisme aux pensionnaires. Tous les ans, il donnait une retraite de dix jours, et, trois jours avant la rénovation des vœux, faisait deux sermons par jour, et cela depuis 1828 jusqu'en 1859, époque à laquelle il commença à se décharger un peu ; ce n'est qu'à partir de 1876 qu'il ne fit plus les conférences de retraite. Et que de fois ne lui avons-nous pas entendu dire à lui-même : « Que mon successeur se mette bien dans l'esprit qu'il a à administrer une paroisse de 1.200 âmes à la campagne » !

L'homme de vertu.

Par une vie si occupée et si régulière, il devait acquérir une solide vertu, et il l'a fait : il ne nous est donné que de soulever à peine le voile qui couvre une vie si cachée et de tracer en courant les traits d'un homme qui a toujours fui les regards.

M. l'abbé Robert était naturellement violent ; et il ne faut pas croire qu'il soit parvenu sans de grands sacrifices à se vaincre lui-même : il a fait pendant plus de trente-cinq ans tous les jours une prière particulière pour obtenir la grâce de dompter sa nature !... Aussi, quand on lui disait par excuse : « C'est ma nature ! — Ah ! c'est votre nature !... (lui qui savait si bien la fustiger en lui-même, qui se donnait la discipline quatre fois par semaine... !) Lisez, ajoutait-il, ce que dit là-dessus l'*Imitation de Jésus-Christ.* » Pour son compte, il en a usé cinq exemplaires au confessionnal à force de les lire. — Oui, chez lui, la grâce avait triomphé de la nature, et encore, à la fin de ses jours, l'on pouvait deviner, à l'écorce rude de ce vieillard, à son accent qui avait quelque chose de brusque, mais de contenu, ce qu'il avait fait de chemin pour arriver de cette vie de la nature à la vie de la grâce.

Mais sous cette rude écorce, que de droiture ! Quel amour de la vérité et, surtout, quel bon cœur ! « Dites oui, quand c'est oui ; et non, quand c'est non. » Ces paroles le peignent tout entier.

Il y a des hommes qui perdent à se faire connaître ; pour lui, il gagnait beaucoup à être vu de près et connu dans l'intimité. Si son extérieur avait quelque chose d'austère et de mortifié, quand on s'adressait à lui, on éprouvait une douce surprise de trouver tant d'aménité et de délicatesse, et toujours une prévenance et une affabilité qui, chez lui, n'étaient pas le fruit du caractère, mais l'effet de la vertu et de la religion.

Il avait un don particulier pour consoler et fortifier les religieuses que Dieu visitait par la maladie. Dès le matin, il s'informait de leur santé, les recommandait au saint Sacrifice de la messe et se rendait près d'elles aussitôt que possible; sa visite était toujours attendue avec impatience : il remettait si bien le calme dans les âmes éprouvées !

Lorsqu'une religieuse était en danger, il recommandait de l'avertir : soit de jour, soit de nuit, il demeurait à son chevet, luttant avec elle contre l'ennemi du salut, la fortifiant par de bonnes paroles, et redoublant de ferveur et de prières à mesure que la séparation fatale approchait.

Sa bonté se faisait sentir pour tout le monde; il visitait souvent les malades confiés aux soins des religieuses. Un jour qu'il passait dans la cour, une vieille lui demanda de l'argent pour avoir du tabac; comme il la connaissait bien, il ne s'empressait pas d'accéder à sa demande : « Vieil intéressé ! vieil avare ! sans cœur ! » s'écria-t-elle, et une série de tout à fait jolis mots ! — C'était une occasion de rendre le bien pour le mal; c'en fut assez pour déterminer M. Robert à lui donner une pièce. — Et il entra à la salle dire à la Sœur de garde : « Si elle continue, dites-le-moi; je vais redescendre lui en redonner une autre. »

L'humilité, vertu favorite de ce bon Père, nous a caché bien d'autres traits de ce genre et connus de Dieu seul :

Ses bienfaits répandus dans l'ombre,
Ses bienfaits dans l'ombre restés,
Qui pourrait en savoir le nombre ?
Il dit : « Dieu les voit : c'est assez ! »

Il aimait ses domestiques et les traitait comme de véritables amis. On dit qu'il n'y a pas de grand homme pour son valet de chambre ; on ne peut pas en dire autant des saints. Les domestiques de M. Robert qui l'ont approché de plus près sont ceux qui l'ont le plus estimé. Malgré sa bonté, il ne perdait rien de sa dignité devant eux.

Il est arrivé que des domestiques ont quitté la maison pour une raison ou pour une autre ; tous disaient en partant : « Ce que je regrette, c'est le Père Robert. »

Et qui ne se fût pas trouvé bien avec un homme d'une humeur toujours si égale ?

Son attachement à la communauté.

Il y a une chose qui frappe dans l'ensemble de cette vie uniforme, c'est cette union de dévouement réciproque, cette union indissoluble du chapelain et de la communauté, au point qu'ils ne semblaient faire qu'un, comme si le père n'eût pu se passer de ses enfants, ni les enfants se passer de leur père.

Tout entier aux affaires spirituelles de ses filles, tout entier à leurs affaires temporelles même, il a fait de l'existence de l'Hôtel-Dieu son existence propre.

Il y avait à peine quelques années qu'il en était chapelain, lorsque, pendant un moment de tourmente révolutionnaire, des gens sans autorité se présentèrent, prétendant entrer dans l'intérieur de la communauté. Alors M. Robert se mit au milieu de la grande porte et dit d'un ton intrépide : « Vous ne mettrez les pieds dans cette maison qu'en marchant sur mon cadavre ! » Ces mots, dits avec l'accent que nous lui connaissons, suffirent pour les arrêter.

Son attachement à la communauté s'est montré surtout lorsqu'il a refusé des postes plus élevés. Des cures importantes lui avaient été offertes ; Mgr Dancel en les lui proposant lui faisait comprendre qu'il voulait récompenser ses mérites, mais qu'il serait fort embarrassé pour le remplacer. Il n'hésita pas à rester.

Ce que voyant, la communauté, les 23 janvier et 25 février 1834, prit une délibération qui lui fait honneur autant qu'à son chapelain. Par cette délibération, elle conférait à

M. Robert, « *son digne chapelain* », le titre de bienfaiteur, et prenait à son égard, pour le temps de sa vie, pour sa sépulture et pour après sa mort, divers autres engagements qui témoignent hautement de l'estime et de l'attachement réciproque du pasteur pour ses brebis et des brebis pour leur pasteur.

L'homme de zèle.

La règle semble prendre du temps : elle en donne. M. l'abbé Robert a trouvé du temps pour remplir tous ses devoirs dans la communauté ; son grand zèle lui en a fait trouver pour d'autres occupations au dehors.

Fidèle observateur du règlement du séminaire, il sortait peu, quoique souvent invité par les familles les plus honorables de la ville. Il aimait cependant à visiter ses confrères qu'il dirigeait en très grand nombre et qui étaient pour lui pleins de respect et de confiance.

Il confessait, outre sa communauté propre, beaucoup de personnes du monde, les Frères des Ecoles Chrétiennes et plusieurs communautés de femmes. Mais il a toujours conduit chacun suivant ses voies. Un jour dans une réunion de prêtres à Bayeux, où l'on conférait sur la vie religieuse, l'un d'eux se permit de lui dire : « Si j'étais chapelain de communauté, je ne voudrais pas de vous pour donner des retraites à mes religieuses, je craindrais que vous ne voulussiez les former sur l'esprit propre de votre maison. » M. l'abbé Robert, avec sa tranquillité ordinaire, répondit : « Vous êtes bien dans l'erreur. J'ai été chargé de diriger les Religieuses de l'Hôtel-Dieu, les Frères des Ecoles Chrétiennes, la Miséricorde, l'Asile ; puis, comme extraordinaire, les Providences ; j'ai toujours conduit chacun suivant l'esprit propre de sa maison, ayant étudié à fond leurs divers règlements et constitutions. Et je n'ai jamais accédé au désir que m'exprimaient quelques-unes de ces religieuses, de changer d'Institut, leur répondant toujours qu'elles devaient rester là où Dieu les avait placées. »

C'est que la seule gloire de Dieu était son but : son

désintéressement était parfait, et il n'agissait en tout que par des vues de foi.

C'est lui qui introduisit dans la ville et répandit dans tout l'arrondissement la belle institution de la Propagation de la Foi. Il n'avait pu aller aux Missions Etrangères, mais il s'en dédommageait en travaillant pour les missionnaires. Il a été le Directeur de cette Œuvre dans le pays pendant une quarantaine d'années ; dans les premiers temps, il choisissait le prédicateur, et, jusqu'à ces dernières années, il recevait à sa table le clergé nombreux qui assistait à la cérémonie le jour de la fête de saint François Xavier. Son zèle n'a cédé qu'aux exigences de l'âge.

Faveurs dont il jouit.

Tant de vertus, tant de mérites ne pouvaient rester longtemps ignorés.

Honneurs rendus à ses mérites.

M. Robert avait par là attiré sur lui de bonne heure les faveurs épiscopales. Mgr Dancel l'aimait, disait-il lui-même en ces derniers temps, d'un amour de prédilection. Il n'avait pas été longtemps, paraît-il, sans connaître les trésors de science, de sagesse et de haute prudence dont il était rempli ; aussi il le traitait comme son plus cher ami et aimait à épancher les secrets de son cœur dans celui de ce jeune prêtre. Afin de mieux lui témoigner sa confiance, il lui avait accordé le pouvoir de supérieur pour entrer dans la communauté, mais jamais M. Robert n'usa de cette permission sans une stricte nécessité.

Mgr Robin sut également l'apprécier et le nomma chapelain épiscopal en 1852.

Mgr Didiot, ce grand évêque, dont l'esprit et les vues étaient si justes, le jugement si sûr, estimait à sa valeur M. l'abbé Robert et son œuvre, l'Hôtel-Dieu de Vire, qu'il regardait comme une communauté modèle.

Mgr Hugonin, couronnant tous ces témoignages, l'honora du canonicat le 18 février 1873 en la fête de saint Flavien. Par une délicatesse qui fut sentie de tout le monde, il députa M. l'abbé Marivingt, curé de Notre-Dame de Vire, et M. l'abbé Dupont, curé de Sainte-Anne, pour lui en porter la nouvelle. Toute la communauté se réjouit d'une si grande marque d'estime donnée à son bien-aimé Père, et un grand nombre de lettres de ses confrères, qui ont été retrouvées depuis sa mort, marquent combien cette nomination leur causait de joie.

Tout le monde se rappelle comme M. Robert fut fêté solennellement à sa cinquantaine sacerdotale, le 18 janvier 1876, et à sa cinquantaine de chapelain, le 25 mai 1878. Mgr Hugonin avait daigné l'honorer de sa présence et témoigner par là une fois de plus la vénération qu'il avait pour sa personne : quarante prêtres lui faisaient cortège ; et ils étaient vraiment heureux de pouvoir lui rendre cet hommage, tous ces prêtres, la plupart ses dirigés, qui, depuis longtemps, reconnaissaient en lui l'homme de bon conseil, l'homme d'un jugement si sain, l'homme d'une sagesse si éclairée.

Ne passons pas sous silence la part que le Petit Séminaire voulut prendre à la joie du clergé, car M. Robert ne fut pas pour rien dans la fondation de cet établissement, et c'est sous son inspiration que M. l'abbé Moulin, son dirigé, consentit à se mettre à la tête de l'entreprise. Aussi a-t-il toujours porté grand intérêt à cette maison et à l'œuvre elle-même, d'où dépend le recrutement du sacerdoce, recherchant des vocations et les soutenant de sa bourse et de ses conseils.

Le jour même de sa cinquantaine, un élève autorisé par la reconnaissance et l'affection lui adressa un compliment au nom du Séminaire et du clergé, et la musique, qui lui joua ce jour-là ses plus beaux morceaux, fut vraiment l'expression de la sympathie générale.

Dans les dernières années de sa vie, M. l'abbé Robert reçut encore de nouvelles marques de bienveillance de la part de Mgr Hugonin. Quand la faiblesse de ses jambes et de sa vue ne permit plus à M. Robert de faire de longues promenades, Sa Grandeur, sur une demande spéciale et la recommandation du médecin qui lui conseillait un peu de mouvement, l'autorisa à faire sa petite promenade dans les jardins de la communauté et même, de la façon la plus aimable, lui en intima l'ordre. Néanmoins, M. Robert, toujours strict observateur de la règle, craignait que cette permission, qui lui était personnelle, ne fût un précédent de mauvais exemple pour son successeur. Il fallut que son bien-aimé Pasteur calmât ses scrupules sur ce point.

Nous n'avons pas tout dit assurément, et au moment de terminer cette esquisse d'une vie si bien remplie, nous sentons que nous en avons laissé dans l'ombre un côté important. Il eût fallu dire toute la part qu'il a prise aux tribulations et aux angoisses de la communauté depuis soixante ans jusqu'à nos jours. Il eût fallu faire l'histoire de la communauté elle-même ; nous nous bornons à tout résumer en deux mots : M. Robert a pris la plus grande part à tous ses périls et à toutes ses craintes. Il savait que toute communauté où Dieu veut entretenir la ferveur ne doit jamais être sans tribulations et que, pour des âmes qui voguent vers la perfection, le calme plat est plus à redouter que le vent de la persécution. Rien de tel n'a manqué à la communauté de l'Hôtel-Dieu, et M. l'abbé Robert a toujours été pour elle, dans des circonstances si pénibles, un soutien et un consolateur.

III. — Dernières années, — derniers jours.

Sa vue affaiblie. Dans les dernières années de sa vie, ce fut une grande croix pour lui de voir ses yeux s'affaiblir de jour en jour. Il se sentait assez de force et d'énergie pour remplir tous ses devoirs, mais son cher bréviaire, comment l'abandonner ! Il lutta pendant plus de deux années, mettant de longues heures, avec de grosses éditions, à s'acquitter de ce devoir. Lorsqu'il lui fallut céder, ce fut un grand sacrifice ; il le fit, consolé par cette pensée que le rosaire qu'il dirait à la place serait encore la prière officielle de l'Eglise. — Mais le saint Sacrifice de la messe, rien ne pourrait le remplacer ! Il s'était fait écrire à la main, en gros caractères, les messes du dimanche, et, grâce au dévouement que la communauté a mis à lui procurer cette édition manuscrite, œuvre de reconnaissance, de piété, de délicatesse et de goût, pendant deux ans il les a encore toutes chantées ainsi. Il n'est cependant pas devenu aveugle, il y voyait à la fin encore assez pour se conduire et apercevoir la première lettre des prières liturgiques ; sa voix aussi était affaiblie. Mais il savait par cœur la messe *de Beatâ*, et dans tout l'hiver dernier il n'a pas manqué une seule fois à la dire ; il l'a dite pour la dernière fois le lundi 28 mai, et encore n'a-t-il cessé que sur l'ordre du médecin. Il eut encore le courage d'y assister le 2 juin.

Mais quelles précautions ne prenait-il pas jusqu'à la fin pour offrir le saint Sacrifice avec décence et ne passer aucun mot ! Heureusement sa mémoire ne lui faisait pas défaut. Quelles précautions surtout pour recueillir les moindres parcelles de l'hostie consacrée ! Tous ces détails, si minimes qu'ils puissent paraître, font bien voir son grand esprit de foi et de piété.

Aussi on avait confiance en sa prière et on avait raison. Voici ce qu'une de ses pénitentes a raconté : « Depuis quelque temps j'étais sous le poids d'une violente tentation dont je n'avais parlé à personne, pas même à mon directeur. Un jour, pendant la messe, j'en fus subitement délivrée. Le lendemain, je fis connaître à mon confesseur la pénible tentation qui, la veille encore, avait agité, bouleversé mon âme. Après m'avoir écoutée, il me demanda dans quel état je me trouvais actuellement : « Oh ! mon « Père, lui dis-je, elle s'est complètement évanouie, hier « pendant votre messe. » Alors il me dit : « Mon enfant, « remerciez bien le bon Dieu de la grâce qu'il vous a faite « et admirez sa bonté et sa miséricorde : hier, en effet, pen-

« dant ma messe, je me sentis tout à coup inspiré de prier « pour vous, et pourtant je ne savais rien. » — « Eh bien ! « mon Père, lui répondis-je, Dieu soit béni de vous avoir si « bien exaucé ! »

Sa lucidité d'esprit jusqu'à la fin.

C'est une chose frappante pour tous ceux qui ont abordé de près M. Robert, comme il avait conservé sa présence d'esprit, son intelligence et sa mémoire jusqu'à la fin. Jusqu'à la fin, il a aimé à se rendre compte de tout par lui-même et à s'assurer si tout était bien. Il s'était, avons-nous dit, réservé le soin de la lampe du sanctuaire ; il ne l'a cédé à autrui qu'à la dernière extrémité et avec peine ; et encore, lorsque sa vue se fut très affaiblie et que sa main fut devenue tremblante, les taches d'huile, tombées sur ses vêtements, révélaient souvent qu'il avait visité sa chère lampe.

Quinze jours avant sa mort, il confessait ses religieuses pour la dernière fois ; il leur a fait rendre compte de la retraite qu'elles venaient de faire, et s'est informé à chacune de ses résolutions avec une lucidité d'esprit étonnante. Oui, c'est lui, et bien lui qui a dirigé sa communauté jusqu'à la fin. Ajoutons, pour rendre justice à tout le monde : Grâce à la sagesse et à la maternelle direction de la Révérende Mère Saint-Benoît, prieure de l'Hôtel-Dieu, nièce propre de M. l'abbé Robert, qui a exercé cette charge au moins déjà seize ans ; — grâce à la bonne volonté générale des Religieuses qui suppléaient par des lectures plus nombreuses et des méditations plus ferventes aux conférences que leur Père ne pouvait plus faire; — grâce surtout à Dieu, qui aime cette maison et qui y est aimé, — rien n'a souffert dans la communauté.

Dernières épreuves. Les approches de la mort.

Le bon M. l'abbé Robert a vu venir de loin la mort, et il y pensait souvent ; mais si les épreuves ne lui ont pas manqué durant sa vie, elles ne lui ont pas manqué jusqu'à la fin. Elles ont certainement avancé ses jours; il le sentait bien.

Un autre vieillard, vénérable comme lui, dont la vie a été intimement liée à la sienne et qui était son dirigé depuis près de soixante ans, M. l'abbé Dupont, curé de Sainte-Anne, se plaisait à lui offrir des vers de circonstance. Lui-même, âgé de quatre-vingt-trois ans et demi, lui disait au dessert le jour de sa soixantaine, vraie fête de famille :

« Alexandre, il est temps de songer au départ :
« Nous avons de la vie eu plus que notre part. »

Ni l'un ni l'autre ne savaient que la séparation fût si prochaine ; elle a été douloureuse, comme elle l'est pour de vrais amis. Tout cela jetait sur cette fête intime un voile de profonde mélancolie ; on ne pouvait se dissimuler la vérité, et M. l'abbé Robert lui-même était pensif et sombre, comme s'il eût eu déjà au cœur le coup fatal. « C'est pour bientôt, disait-il, c'est pour bientôt ! » Il pensait à l'Eternité et au compte qu'il aurait à rendre à Dieu de toute sa vie : ces pensées l'absorbaient. Il se préparait tous les jours.

Derniers jours.

Lorsqu'il lui fallut garder la chambre, ce fut une privation pour lui de ne pouvoir plus se rendre au pied des autels. Un des derniers jours cependant il échappa à la garde de la Sœur infirmière et descendit à l'église faire son adoration au Saint-Sacrement. Peut-être aussi voulait-il mettre ordre, à la sacristie, à quelques affaires avant de mourir ; peut-être avait-il à prendre quelque précaution sacrée ? Car il ne l'a fait qu'une fois, et depuis il se contenta d'adorer le Saint-Sacrement par la fenêtre de sa chambre. Mais il ne laissait pas de se faire lire son point de méditation, et un jour que, à onze heures et demie, on n'avait pu lui faire sa lecture habituelle, il était fâché « qu'on eût pris tant de soin de son pauvre corps et qu'on ne se fût pas encore occupé de son âme. »

Du reste, son abandon à Dieu était complet. « Je me suis donné à Dieu, disait-il, et je ne me suis jamais repris ! » — « J'ai travaillé cinquante ans à obtenir la patience ! »

Ses souffrances ne l'empêchaient pas de compatir aux souffrances des autres ; bien au contraire.

Le dernier dimanche qui a précédé sa mort, ce bon Père s'informait, avec sa sollicitude ordinaire, de la santé d'une Sœur qu'il savait souffrante aussi : « Oh ! mon enfant, lui dit-il, notre pauvre corps nous donne bien du mal, mais je me suis abandonné entre les mains de Dieu, il fera de moi ce qu'il voudra et comme il voudra. »

Le lundi, il fit venir près de lui la Révérende Mère Prieure qui lui demanda comment il avait passé la nuit : « J'ai eu une nuit de tribulations, répondit-il ; je n'ai pas reconnu les religieuses qui veillaient, ni Constant (son domestique). Savez-vous ce que j'ai conclu de tout cela ? Eh bien ! c'est qu'il faut que vous me fassiez venir mon confesseur, et M. le Doyen pour m'administrer ; parce que c'est une faiblesse dans le clergé d'attendre au dernier moment pour recevoir les derniers sacrements, et je veux les recevoir en pleine connaissance pour la bonne édification. » La Révérende Mère lui répondit : « Vous n'en êtes pas encore là, mon Père, Dieu merci ! » Dans la matinée, il songea encore à une nouvelle postulante qui devait bientôt monter au noviciat ; il la reçut, s'entretint avec elle d'une affaire aussi grave, et tout fut réglé par lui. (Elle entrera au noviciat le jour fixé, c'est-à-dire le 11 juin, le jour même de l'inhumation du bon Père.)

L'après-midi il eut encore le courage de faire le tour du jardin, s'arrêtant à toutes les croix et oratoires pour y faire sa petite prière habituelle, ce qu'il appelait ses stations. Puis, tout à coup, il se trouva mal et demanda son domestique, qui l'aida à remonter chez lui. Le voyant plus souffrant, la Révérende Mère Prieure envoya chercher M. l'abbé Auvray, chapelain de Blon, son confesseur, et M. le Doyen. Le bon Père se confessa avec de grands sentiments de foi et se trouva un peu mieux, mais insista pour qu'on lui donnât les derniers sacrements.

Le lendemain, il reçut le saint Viatique. Combien fut

édifiante cette dernière communion d'un saint prêtre ! Il répondit lui-même à toutes les prières. M. le Doyen lui dit : « Monsieur Robert, vous ne pouvez aller visiter votre Dieu, le voici qui vient à vous : c'est votre Dieu, c'est votre Maître, mais aussi c'est votre Ami. Il a toujours été votre Ami, n'est-ce pas ? » — « Oui », répondit-il, mais avec un accent de conviction que n'oublieront jamais les personnes présentes. Sur la demande de M. le Doyen, il bénit ses filles et prononça lentement et gravement les paroles sacrées.

M. le Doyen lui recommanda de prier pour Monseigneur. Oh ! comme il montra son affection et son respect pour son Evêque ! Il pria pour lui avec ferveur et recommanda à ses religieuses de prier, elles aussi, pour ce bien-aimé prélat qui, disait-il souvent, était accablé de peines !

Hélas ! oui ; il savait que la douleur, de nos jours surtout, parvient facilement au cœur des évêques.

Ce même jour, on apprenait la mort de sœur Saint-Louis de Gonzague, supérieure de la Charité à Bayeux. C'est cette demoiselle de Petiville, vénérable et discrète personne, qui avait connu M. Robert précepteur dans la maison de son père, l'avait si bien apprécié et l'avait indiqué à la communauté comme un homme intérieur et un prêtre capable de conduire des religieuses à la perfection ; elle s'était faite religieuse elle-même, puis était devenue supérieure de la Charité à Bayeux. Lorsque M. l'abbé Robert allait aux retraites, c'était une jouissance pour lui de lui faire visite, et une consolation de voir ses progrès dans la vertu. Il y a à peu près sept ans qu'il la vit pour la dernière fois ; ils se firent réciproquement leurs adieux pour le jour qui les réunirait au ciel. Par une coïncidence singulière, elle rendait son âme à Dieu le lundi 4 juin 1888 ; et cette même aube, pieuse œuvre de ses mains, M. l'abbé Robert, mort trois jours après elle, l'emportera avec lui dans la tombe.

On lui cacha soigneusement cette nouvelle, car il perdait ses forces et, ce même jour, mardi 5 juin, vers deux heures de l'après-midi, il fut forcé de se mettre au lit.

Le lendemain, mercredi, on jugea qu'il était temps de lui donner l'Extrême-Onction. Quand M. le Doyen la lui conféra, il put encore dire le *Confiteor* et répondit aux oraisons ; il priait avec beaucoup de foi, demandant pardon à Dieu et à tous les assistants.

Il avait toujours sa connaissance parfaite, et parlait au médecin et aux personnes qui l'entouraient avec un grand calme. Il s'informait de tout : une de ses petites-nièces étant venue le voir avec son enfant de onze mois, il lui dit : « Donne-moi ta petite fille que je l'embrasse et la bénisse ! »

Sa délicatesse habituelle l'accompagna jusqu'à la fin ; il demanda si on avait eu soin de reconduire jusqu'au pied de l'escalier une personne qui était venue le voir.

Ce jour-là, il bénit pour la dernière fois ses filles réunies autour de son lit de douleur, puis il leur dit : « Au revoir dans les cieux ! »

Le lendemain, jeudi, le Révérend Père Martin, supérieur du Petit Séminaire, étant venu le voir vers huit heures et demie du matin, lui dit qu'il faisait adresser au ciel des prières afin que le bon Dieu le conservât encore à sa chère communauté ; il l'entendit parfaitement et reconnut sa voix, mais il branla la tête ; il sentait que son dernier jour était arrivé.

En effet, vers deux heures et demie du soir, il rendit sa belle âme à Dieu, assisté jusqu'à la fin par M. l'abbé Auvray, son confesseur, qu'il aimait et estimait beaucoup. Ce dernier remarqua sur ses lèvres un beau sourire, un sourire céleste qui s'épanouit sur tout son visage. Peu de temps après, il s'endormait pieusement dans le Seigneur.

Ainsi s'est éteinte doucement une vie toute de paix et d'union à Dieu.

A sa cinquantaine de prêtrise, M. l'abbé Robert avait dit qu'il prendait sa retraite. Mais sa santé s'étant soutenue, il demanda à Dieu la soixantaine et il l'a eue.

A la soixantaine, il disait : « Je mourrai sur la brèche ! »

et il y est mort ! Il avait demandé à Dieu de n'être pas longtemps malade, craignant d'être à charge à la communauté ; il n'a été que dix jours sans dire la messe et deux jours au lit, emporté par le grand âge, à quatre-vingt-cinq ans et huit mois, mais soutenu jusqu'à la fin par la grâce de Dieu et l'énergie de son âme.

Il est mort le jeudi 7 juin 1888, entouré de ses confrères et de sa chère communauté.

Le lundi suivant, 11 juin, avaient lieu ses funérailles ; elles furent dignes d'un si bon Père. Monseigneur avait daigné se faire représenter par son frère, M. l'abbé Jules Hugonin, qui présida la cérémonie. Le Révérend Père Bachelot célébra la sainte messe. L'oraison funèbre fut prononcée par M. l'abbé Le Gris, curé-doyen de Notre-Dame de Vire. Il retraça la vie si édifiante du cher défunt, et sa parole émue fut très écoutée.

Un nombreux cortège était venu témoigner son estime et son affection pour M. Robert. Les coins du poêle étaient tenus par M. le curé de Sainte-Anne, son ami depuis si longtemps ; le Révérend Père Martin, supérieur du Petit Séminaire ; M. l'abbé Auvray, chapelain de Blon, son confesseur ; et M. l'abbé Guernier, aumônier de l'hospice Saint-Louis.

La nombreuse et chrétienne famille de M. Robert était venue ajouter ses larmes au deuil des Religieuses ; une assistance qui eût été beaucoup plus considérable, si les dimensions de la chapelle l'eussent permis, prenait part aussi à la cérémonie. Mais quelle que fût la douleur, on sentait, au milieu de cette assemblée pieuse et recueillie, que c'était une consolation pour tous les cœurs de pouvoir, un instant encore, prodiguer à ces restes chéris les derniers témoignages de vénération, en même temps que les vœux et les prières.

Les restes vénérés de M. l'abbé Robert reposent dans le petit cimetière de l'Hôtel-Dieu : dernière consolation accordée à la douleur des Religieuses Augustines hospitalières. Il laisse au milieu d'elles un grand vide, et sa mémoire y restera ineffaçable et douce.

Et dans la ville de Vire et le pays tout entier, on parlera longtemps du vénérable Père Robert.

Qu'on ne l'oublie pas dans la prière !

Requiescat in pace !

E. L. B.

PENSIONNAT

DE

JEUNES DEMOISELLES

DIRIGÉ PAR LES

RELIGIEUSES AUGUSTINES DE L'HOTEL-DIEU DE VIRE

Le Pensionnat de l'Hôtel-Dieu est confié à un personnel complet de religieuses pourvues du brevet de capacité. Les familles trouvent dans l'établissement : 1° une éducation profondément chrétienne ; 2° une instruction solide, conforme aux programmes officiels les plus récents, et toujours à la portée de leurs enfants ; 3° les soins maternels les plus dévoués et les plus assidus pour tout ce qui regarde leur santé.

I. — Education.

Les religieuses regardent comme le premier de leurs devoirs de former le cœur des jeunes filles à la vertu : aussi s'attachent-elles à leur inspirer les sentiments les plus nobles et les plus délicats, en même temps que le goût du travail, de l'ordre et de l'économie.

Les moyens qu'elles emploient pour y arriver sont : 1° les conseils d'une piété éclairée ; 2° l'exemple.

Elles mettent tout en œuvre pour cultiver dans leurs élèves la politesse et les convenances, sans les éloigner de l'esprit de simplicité et de modestie qui leur sied si bien.

Les religieuses sont, pour leurs élèves, des maîtresses en classe, des sœurs en récréation, des mères partout ailleurs.

II. — Instruction.

Si l'éducation est d'une telle importance, il ne faut pas oublier que l'instruction à son tour multiplie les forces de la vertu.

Aussi les Religieuses Augustines de l'Hôtel-Dieu apportent-elles le plus grand soin à cette partie de leur œuvre.

Les objets de l'enseignement sont :

1° L'instruction religieuse.

2° L'histoire sainte et l'histoire de l'Eglise.

3° La lecture.

4° L'écriture.

5° La grammaire française et l'analyse grammaticale.

6° L'orthographe et les exercices littéraires.

7° L'arithmétique.

8° L'histoire ancienne et moderne et particulièrement l'histoire de France.

9° La géographie et la cosmographie.

10° Les éléments de géométrie.

11° Les sciences physiques.

12° L'histoire naturelle.

13° La tenue des livres.

14° Les travaux manuels d'utilité et d'agrément : couture, broderie, tapisserie, tricot, fleurs artificielles, couture à la machine, etc., etc.

Chaque enfant, depuis l'âge le plus tendre jusqu'à sa formation complète, reçoit une instruction proportionnée à son âge et à son intelligence.

Un catéchisme spécial prépare les enfants à la première communion.

Les élèves qui désirent se présenter pour le brevet de capacité trouvent dans l'établissement des moyens exceptionnels pour bien s'y préparer : les succès obtenus jusqu'à ce jour sont la meilleure recommandation.

D'ailleurs rien ne manque pour exciter l'émulation : témoignages de satisfaction chaque semaine ; inscription au tableau d'honneur ; examens trimestriels ; distribution des prix à la fin de l'année.

Au mois de janvier et à Pâques les parents reçoivent un bulletin portant : la conduite, les progrès et l'état de santé de leurs enfants.

III. — Arts d'agrément.

Des maîtres spéciaux donnent, aux élèves qui le désirent, des leçons :

1° de dessin ;
2° de peinture ;
3° de musique vocale ;
4° de musique instrumentale : harmonium, piano, etc... ;
5° de langues vivantes : anglais, allemand, etc...

IV. — Soins de la santé.

La nourriture est saine, abondante et variée. Les conditions de salubrité ne laissent rien à désirer au pensionnat : les classes, les dortoirs, le réfectoire sont commodes et bien aérés, les cours de récréation sont vastes ; des jardins à l'usage des élèves ajoutent encore l'agréable à l'utile.

Quand le temps le permet, on fait chaque jour une promenade dans un enclos voisin, appelé la Bouille, situé à quelques centaines de mètres de l'établissement. C'est un charmant bosquet avec pavillon, agréablement situé sur les bords de la Vire. De là on domine la ville avec son vieux donjon et sa plus belle place, d'un côté ; de l'autre, la vue embrasse la campagne et les bois environnants. C'est un site plein de charmes où les pensionnaires se livrent toujours à de joyeux ébats.

Lorsqu'une élève est malade, ses parents sont aussitôt informés, le médecin est appelé et les soins les plus intelligents et les plus dévoués sont prodigués à l'enfant ; une infirmerie dans les meilleures conditions lui assure à la fois remèdes, confortable et agrément.

Toute élève à son entrée dans la maison doit présenter un certificat de vaccin.

V. — Conditions.

Le prix de la pension est de 400 fr.

Ce prix est payé par trimestre et par avance :

120 fr. au premier octobre,
120 fr. au premier janvier,
120 fr. au premier avril,
et 40 fr. au premier juillet.

L'année scolaire est de dix mois.

Toute quinzaine commencée est intégralement payée.

La maison fournit le lit et les couvertures quand on le désire, moyennant un supplément de 16 fr. par an, et le dessus de lit blanc, de même, moyennant 2 francs par an.

Tout ce qui concerne le trousseau doit être fourni par les parents. Le blanchissage du linge est également à leur compte.

Les leçons d'agrément, à volonté, sont payées par les parents.

VI. — Rapports avec les parents.

Les rapports des enfants avec leurs parents sont d'une grande facilité. Elles sont visibles tous les jours de midi à 1 heure ; et le soir de 3 à 4 heures en hiver, et de 6 à 7 heures en été.

Sur la demande des parents les élèves peuvent sortir une fois par mois. Elles sortent alors de 8 heures 1/2 à 5 heures 1/2 en hiver, et de 7 heures 1/2 à 8 heures en été.

VII. — Uniforme.

Robe noire, mérinos ou cachemire.

HIVER	ÉTÉ
Grand vêtement pareil à la robe.	Fichu.
Chapeau noir.	Chapeau de paille blanc.
Gants noirs.	Gants gris.

Chaque objet doit porter, comme marque, le numéro assigné à l'élève.

Pour la confection de l'uniforme, demander de plus amples renseignements à l'Etablissement.

Bar-le-Duc. — Typ. de l'Œuvre de Saint-Paul, Schorderet et Cie. — 1056

www.ingramcontent.com/pod-product-compliance
Ingram Content Group UK Ltd.
Pitfield, Milton Keynes, MK11 3LW, UK
UKHW021531260726
13993UKWH00004B/1921

9 782329 558264